Preparémonos para acampar

Presentar la división

Sara A. Johnson

Créditos

Dona Herweck Rice, *Gerente de redacción*; Lee Aucoin, *Directora creativa*; Don Tran, *Gerente de diseño y producción*; Evelyn Garcia, *Editora asociada*; Neri Garcia, *Composición*; Stephanie Reid, *Investigadora de fotos*; Rachelle Cracchiolo, M.A.Ed., *Editora comercial*

Créditos de las imágenes

Teacher Created Materials

5301 Oceanus Drive
Huntington Beach, CA 92649-1030
http://www.tcmpub.com
ISBN 978-1-4333-2741-4
©2011 Teacher Created Materials, Inc.
Printed in China
Nordica.042018.CA21800320

Tabla de contenido

Planifiquemos un campamento

A muchas personas les gusta acampar. Las familias pueden irse de campamento juntas. Los amigos también pueden acampar juntos.

Hay muchos lugares para acampar. La gente puede acampar en el bosque. La gente puede acampar en las montañas. También puede acampar cerca de un lago o un río.

La preparación de un campamento requiere de mucha **planificación**. Todos deben compartir el trabajo. Esto significa que las tareas se **dividen** en **partes iguales**.

Es bueno hacer una lista de todas las cosas que hay que hacer antes del viaje. Esto asegura que no olvides nada para el viaje.

Preparativos para el campamento

- planificar el menú
- empacar los alimentos y los utensilios de cocina
- empacar los suministros de seguridad
- preparar el **equipo** para el campamento
- empacar la ropa
- planificar las actividades

Es importante planificar qué alimentos llevarás a tu campamento. Debes calcular cuántos días estarás de viaje. También debes tener en cuenta cuántas personas viajarán.

La familia Coan acampa en la playa.

La familia Coan planifica la cantidad de alimentos que debe llevar. Prepararán 8 tazas de surtido de frutos secos. Colocan la misma cantidad de mezcla en cada bolsa. Esto significa que cada bolsa tiene 2 tazas de surtido de frutos secos.

Exploremos las matemáticas

Las 4 personas de esta familia se van de campamento. Se llevan 8 manzanas para el viaje. ¿Cuántas manzanas comerá cada uno si las reparten en partes iguales?

También es importante elegir el equipo de campamento necesario. La clase de equipo adecuado depende de lo que quieran hacer al acampar.

Si piensan hacer caminatas, deberás llevar una **brújula** y un mapa. Si se dedicarán a la pesca, será necesario llevar una caña de pescar, carnada, señuelos y anzuelos.

Estos amigos piensan pescar. Se llevarán 16 anzuelos. Los dividen en partes iguales. Esto significa que cada uno contará con 4 anzuelos.

Compañeros de pesca

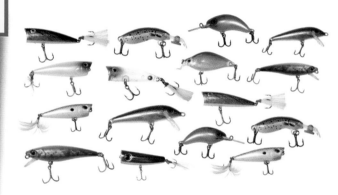

 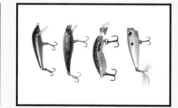

Ciertos elementos siempre son necesarios, sin importar las actividades que piensan hacer durante el campamento. Es importante hacer una lista de estos elementos.

Equipo de campamento
botiquín de primeros auxilios
sacos de dormir
lona o tienda de campaña
botellas de agua
cámaras
silbatos
linternas

Es divertido planificar las actividades del campamento. Hay muchas cosas que hacer cuando acampas. Puedes jugar al lanzamiento de herraduras o lanzar un disco de plástico de un lado a otro. También puedes hacer caminatas o ir de pesca.

Es posible observar aves o tomar fotografías. Incluso puedes llevar tus utensilios para dibujar y pintar retratos de lo que ves.

Exploremos las matemáticas

La familia Lee sale de campamento. Llevan lápices de colores para dibujar las cosas que verán durante el viaje. Hay 5 personas en la familia. Llevan 40 lápices. Si los reparten en partes iguales, ¿cuántos lápices de colores recibirá cada uno?

Vámonos de campamento

En ocasiones hay que conducir mucho tiempo hasta llegar al lugar de campamento. La naturaleza es hermosa, ¡eso hace que valga la pena el viaje!

A veces puedes conducir hasta el lugar de campamento. Es posible que haya muchos otros campistas alrededor. Otras veces deberás hacer una caminata hasta el sitio de campamento. Es probable que no haya nadie que acampe en el lugar que elijas.

Hay mucho que hacer para preparar un campamento. Es necesario armar la tienda y organizar los lugares para comer. También se debe preparar la fogata. Estos campistas trabajan juntos para dejar todo listo. Son 9 personas y deben preparar 3 zonas. Si dividen las tareas en partes iguales, trabajarán 3 campistas en la preparación de cada zona.

A menudo es necesario recoger leña para preparar la fogata. Para hacerlo, deberás hacer una caminata por la zona donde montaste la tienda y buscar en el suelo pequeños trozos de madera.

Estos 5 campistas encontraron 20 trozos de madera. Los dividen en partes iguales para llevarlos al campamento. Esto significa que cada uno cargará 4 trozos de madera.

Cocinar puede ser muy divertido. A veces, los campistas usan un hornillo. Otras veces cocinan sobre una fogata. A muchas personas les gusta cocinar salchichas cuando están de campamento.

Exploremos las matemáticas

Un grupo de 5 amigos cocina salchichas sobre la fogata. Tienen 10 salchichas. Si las dividen en partes iguales, ¿cuántas comerá cada uno?

¡Los bocados dulces de malvavisco son un manjar divertido de los campamentos! Para prepararlos, necesitas malvaviscos, galletas integrales y chocolate. También necesitarás servilletas. ¡Estos bocados ensucian mucho!

La familia Yang tuesta malvaviscos sobre una fogata. Están preparando bocados dulces de malvavisco. Dividen 6 malvaviscos en partes iguales entre los 3. Cada uno recibe 2 malvaviscos para su bocado.

Exploremos las matemáticas

Las 3 personas de la familia Yang necesitan chocolate para preparar sus bocados de malvavisco. Hay 12 trozos de chocolate. ¿Cuántos trozos recibirá cada uno si los reparten en partes iguales?

Por la noche, el campamento está muy tranquilo. Pero a veces puedes escuchar a los animales. ¡Los grillos, los búhos y las ranas pueden ser ruidosos!

Si observas el cielo, verás muchas estrellas. Las estrellas también están divididas en grupos. Estos grupos se llaman **constelaciones**. Forman diferentes figuras en el cielo.

La constelación de Las Pléyades

Levantemos el campamento

 Cuando te vas de un lugar donde acampaste, es importante dejar todo limpio. Debes intentar dejarlo aun más limpio de lo que estaba cuando llegaste. Esto ayuda a que los siguientes campistas disfruten del lugar y mantiene limpio el medio ambiente.

Ya sea que lo hagas con tu familia o tus amigos, acampar es divertido. ¡Es estupendo poder compartir las tareas y pasar tiempo juntos al aire libre!

Día de mudanza

Los abuelos Shaw se mudan a la ciudad. Les piden a sus 10 nietos que los ayuden a prepararse. Algunos trabajan en el desván. Otros limpian el sótano. Los demás vacían el garaje. Todos trabajan mucho. Los abuelos tienen 10 billetes de diez dólares y 20 billetes de cinco dólares. Al finalizar el día, reparten el dinero entre sus nietos en partes iguales.

a. ¿Cuántos billetes de diez dólares recibe cada nieto?

b. ¿Cuántos billetes de cinco dólares recibe cada nieto?

c. ¿Cuánto dinero recibirá cada nieto en total?

¡Resuélvelo!

Sigue estos pasos para resolver el problema.

Paso 1: Son 10 nietos. Hay 10 billetes de diez dólares. Haz un dibujo que te ayude a repartir los billetes de diez dólares en partes iguales entre todos los niños.

Paso 2: Son 10 nietos. Hay 20 billetes de cinco dólares. Haz un dibujo que te ayude a repartir los billetes de cinco dólares en partes iguales entre todos los niños.

Paso 3: Observa los billetes que recibe 1 niño. ¿Cuánto vale cada billete? Suma estos valores para hallar el monto total que recibirá cada nieto.

Glosario

brújula—instrumento con una aguja que muestra si estás mirando hacia el Norte, el Sur, el Este o el Oeste

constelaciones—grupos de estrellas que tienen un nombre

dividido—compartido o agrupado en partes iguales

equipo—suministros o herramientas para una tarea determinada

lona—lámina gruesa de plástico

partes iguales—partes del mismo tamaño, valor o cantidad

planificación—conjunto de acciones para realizar algo en el futuro

Índice

Exploremos las matemáticas

Página 9:
2 manzanas cada uno

Página 15:
8 lápices de colores cada uno

Página 21:
2 salchichas cada uno

Página 23:
4 trozos de chocolate cada uno

Resuelve el problema

a. 1 billete de diez dólares

b. 2 billetes de cinco dólares

c. $20.00 cada uno